Bibliografische Information der Deutschen Nationalbibliothek:

Die Deutsche Bibliothek verzeichnet diese Publikation in der Deutschen National-
bibliografie; detaillierte bibliografische Daten sind im Internet über http://dnb.d-
nb.de/ abrufbar.

Impressum:

Copyright © 2017 GRIN Verlag, Open Publishing GmbH
Druck und Bindung: Books on Demand GmbH, Norderstedt Germany
ISBN: 9783668550308

Dieses Buch bei GRIN:

http://www.grin.com/de/e-book/377549/jugend-und-soziale-medien

Nathalie von Åkerman

Jugend und soziale Medien

GRIN Verlag

GRIN - Your knowledge has value

Der GRIN Verlag publiziert seit 1998 wissenschaftliche Arbeiten von Studenten, Hochschullehrern und anderen Akademikern als eBook und gedrucktes Buch. Die Verlagswebsite www.grin.com ist die ideale Plattform zur Veröffentlichung von Hausarbeiten, Abschlussarbeiten, wissenschaftlichen Aufsätzen, Dissertationen und Fachbüchern.

Besuchen Sie uns im Internet:

http://www.grin.com/

http://www.facebook.com/grincom

http://www.twitter.com/grin_com

1. EINLEITUNG

Soziale Medien sind bei Jugendlichen heute das vorrangige Thema und die Freizeitbeschäftigung schlechthin. „Jugend ist gegenwärtig nicht nur Offline-Jugend, sondern zugleich Online-Jugend."[1] Aus dem heutigen Leben sind die sozialen Medien gar nicht mehr wegzudenken, vor allem für Jugendliche. Egal ob Computer, Xbox, Tablet oder Smartphone, die Jugendlichen sind von diesen technischen Geräten, mit denen sie die sozialen Medien nutzen können, wie hypnotisiert. Gerade soziale Netzwerke sind für Jugendliche besonders interessant. Doch was genau fasziniert die Jugendlichen so sehr daran, welche Auswirkungen kann die übermäßige und allzu sorglose Nutzung sozialer Medien haben und vor allem, sind soziale Medien wirklich als Jugendkultur zu sehen?

2. DEFINITION „JUGENDKULTUR"

Der Begriff „Jugendkultur" besteht aus zwei Fachbegriffen. Mit „Jugend" ist der Zeitabschnitt eines Menschen nach der Kindheit gemeint, in dem er zum Erwachsenen reift. Die Kindheit hat er größtenteils abgeschlossen, er ist aber noch kein Erwachsener.[2] Üblicherweise bezeichnet man die Altersgruppe von 12 bis 18 Jahren als „Jugendliche". Der Kulturbegriff beinhaltet die künstlerischen, musikalischen und literarischen Leistungen einer Epoche, dies ist ein intellektueller und elitärer Kulturbegriff.[3] „Mit dem Begriff „Jugendkultur" bezeichnet man bestimmte Lebensvorstellungen und Lebensstile von jungen Menschen, die den Wunsch haben, ihren eigenen Weg zu finden. Jugendliche wollen zum Beispiel durch Kreativität, künstlerische Ideen und intelligente Einfälle ihre Lebensweise verändern, eigene Werte entwickeln und selbstständige Entscheidungen treffen. Jugendliche finden meist andere Sachen gut als ihre Eltern. Das kann sich zum Beispiel in der Kleidung, in der Musik, im Konsum- und Freizeitverhalten, in der Mediennutzung oder in der Sprache ausdrücken. Einige Stichworte aus der Jugendkultur sind Techno- und House Szene, Skater, Skinheads, Hooligans, Rapper, Emo, Punk, Gothic, Hip-Hop."[4] Die Jugendlichen wollen

---

[1] *Hugger, Kai-Uwe*: Digitale Jugendkulturen, Springer Fachmedien Wiesbaden 2. Auflage 2014, S. 11
[2] *Bibliographisches Institut GmbH, Dudenverlag*: Jugend, http://www.duden.de/rechtschreibung/Jugend, DL vom 05.06.2017
[3] *Bibliographisches Institut GmbH, Dudenverlag*: Kultur, http://www.duden.de/rechtschreibung/Kultur, DL vom 05.06.2017
[4] *Schneider, Gerd / Toyka-Seid, Christiane:* Das junge Politik-Lexikon, Bonn: Bundeszentrale für politische Bildung 2017, http://www.bpb.de/nachschlagen/lexika/das-junge-politik-lexikon/161268/jugendkultur, DL vom 08.06.2017

sich mit ihrem Verhalten bewusst und systematisch von der Welt der Erwachsenen abgrenzen.

3. DEFINITION „SOZIALE MEDIEN"[5]

Der Begriff „Soziale Medien" leitet sich vom Englischen „social media" ab. Damit sind alle Netzwerke, Plattformen, etc. gemeint, über die kommuniziert werden kann. Einige Beispiele dafür sind Facebook, Twitter, Instagram, WhatsApp oder Weblogs. Das Ziel von sozialen Netzwerken ist das Teilen von Bildern, Kontakten und Interessen, es gibt allerdings verschiedene Formen der Mitteilung. „One-to-one-Kommunikation kann mit Chats oder privaten Nachrichten realisiert werden, Profilbeschreibungen und Statusmeldungen dienen der One-to-many-Kommunikation."[6]

4. IDENTITÄT DER JUGENDLICHEN IN SOZIALEN MEDIEN

Jugendliche stellen sich in sozialen Netzwerken oft ganz anders dar, als sie sich bei der von-Angesicht-zu-Angesicht-Kommunikation präsentieren. „Seit dieser Zeit ist es zu einer wahren Inflation von medienfokussierten Jugendszenen gekommen, die sich oft schneller verwandeln, als der forschende Blick zu folgen vermag."[7] „In der Tat konnte in der Mehrzahl der vorliegenden Studien ein positiver Zusammenhang zwischen Lebensalltag, Selbstreflexion und Medienaneignung nachgewiesen werden, denn die öffentliche und selbstbestimmte Darstellung der eigenen Identität resp. bestimmter Identitätsfacetten im Internet kann – durch ihre mediale Gestaltung, durch die Vernetzung mit Gleichgesinnten und durch positive Resonanz – das Selbstvertrauen stärken und ein selbstsicheres Auftreten außerhalb des Netzes unterstützen."[8] Die Jugendlichen versuchen, sich mit ihren Posts zu identifizieren, sie wollen ein möglichst positives Image in den sozialen Medien, sie streben förmlich danach ein affirmatives Feedback zu erhalten, in Netzwerken wie Facebook oder Instagram meistens sogar von Personen, die sie gar nicht persönlich kennen. Diese Meinung ist ihnen vermutlich sehr wichtig, da sie sich einen neutralen Beobachter wünschen; die Motive der Beobachter sind jedoch häufig dubios. „Wenn Millionen Menschen ihren >>gefällt mir<< - Button drücken, tun sie es meistens freiwillig."[9] Die Bilder, die sie liken, müssen ihnen also anscheinend wirklich gefallen. Doch man sollte sich fragen, warum

[5] *Mumme, Peter M.*: Was sind soziale Medien?, in http://www.omkt.de/social-media/, DL vom 06.06.2017
[6] *Hugger, Kai-Uwe*: Digitale Jugendkulturen, a. a. O., S. 266
[7] *Hugger, Kai-Uwe*: Digitale Jugendkulturen, ibidem, S. 140
[8] *Hugger, Kai-Uwe*: Digitale Jugendkulturen, ibidem S. 143-144
[9] *Riederle, Philipp*: Wer wir sind und was wir wollen, Knaur Taschenbuch München, 2013, S. 75

Jugendliche überhaupt Bilder von sich ins Internet stellen. Grenzt dies schon an Narzissmus? Woher kommt dieses Verhalten überhaupt? Einer Studie der Korea University in Seoul zufolge sollen narzisstische Menschen nicht nur das Feedback zu ihren Bildern sehr ernst nehmen, sie bewerten auch die Bilder anderer kritischer und verteilen dementsprechend weniger Likes. Das Posten von Selfies kann also schon Ausdruck eines narzisstischen Verhaltens sein, letztlich hängt dies allerdings auch stark von der Anzahl und dem Ausmaß der Bearbeitung der geposteten Bilder ab. Ein überwiegend positives Feedback kann das Selbstbewusstsein einer Person stärken, aber auch ein narzisstisches Verhalten hervorrufen. Vor allem Jugendliche neigen in sozialen Netzwerken zum Narzissmus, sie brauchen eine Bestätigung.[10] „Eher, vermute ich, liegt die besondere Funktion der elektronischen Selfies und ihrer Zeitlichkeit darin, ein neues Funktionsäquivalent jener Bewusstseinsbewegungen geworden zu sein, durch die wir bestimmten Momenten im Erleben eine besondere "Bedeutung" zuweisen, um so dem Erleben — und unserem Leben — eine Struktur zu geben."[11] Selfies stärken also die Psyche und das Selbstwertgefühl der Jugendlichen, sie fühlen sich durch Zustimmung und Likes bestätigt.

5. STATISTIK: BRAVO TREND MONITOR 2014 „SOCIAL NETWORKS"12

Die Statistik (siehe Anhang) zeigt das Ergebnis einer Umfrage von BRAVO Trend Monitor 2014 unter 961 Jugendlichen im Alter von 12 - 19 Jahren über die beliebtesten 5 sozialen Netzwerke und über welche Kanäle sie genutzt werden. Generell haben laut der Umfrage 99% der Mädchen und 92% der Jungen ein Profil in mindestens einem sozialen Netzwerk. Auf Platz 1 der meistgenutzten sozialen Netzwerke liegt Facebook mit 92% bei den Mädchen und 82% bei den Jungen. Dies zeigt, dass Mädchen häufiger auf Facebook aktiv sind und somit logischerweise mehr Bildern reinstellen. Auf Platz 2 ist WhatsApp mit 81% bei den Mädchen und 59% bei den Jungen. Hier zeigt sich ein signifikanter Unterschied geschlechtsspezifischen Verhaltens, Mädchen kommunizieren wesentlich öfter als Jungen, wahrscheinlich, da es genauso wie bei Facebook, den Mädchen wesentlich wichtiger ist als den Jungen, ein soziales Umfeld aufzubauen und möglichst viele Freunde zu haben. Genau

---

[10] *Spiegel Online*: Selbstverliebte Menschen lieben Selfies, http://www.spiegel.de/gesundheit/psychologie/soziale-netzwerke-selbstverliebte-menschen-lieben-selfies-a-1086013.html, DL vom 03.06.2017
[11] *Gumbrecht, Hans-Ulrich*: Philosophie der Selfies?, in https://www.zu-daily.de/daily/index.php, DL vom 04.06.2017
[12] *Firsching, Jan*: BRAVO Trend Monitor 2014: 92 % der Mädchen und 82 % der Jungen nutzen Facebook., in http://www.futurebiz.de/ DL vom 08.06.2017

aus diesem Grund liegt Skype vermutlich auf Platz 3 bei den Mädchen mit 73% und 55% bei den Jungen. Platz 4 beansprucht YouTube mit 71% bei den Mädchen und 56% bei den Jungen. Hier liegt die Vermutung nahe, dass Mädchen häufig YouTube-Filme betrachten wegen des zahlreichen Angebots an Beauty-Tutorials, Jungs eher wegen der Let's Play Videos; bei diesen Arten von Videos, können beide Geschlechter Erfahrungen und Kenntnisse für ihre Hobbies sammeln, die Mädchen eher für Schönheit und das Schminken, die Jungen für ihre Computerspiele. Auf Platz 5 liegt Google+ mit 53% bei den Mädchen und 34% bei den Jungen. Die Jugendlichen nutzen die sozialen Netzwerke zu 83% über das Internet, zu 81% über ihr Handy, 12% nutzen sie über Tablet+PC und 8% über ihren iPod Touch. Die Statistik spiegelt deutlich die Interessen der Jugendlichen wieder und welche Art der Beschäftigung in den sozialen Netzwerken bei ihnen im Fokus steht. Die Mädchen versuchen eher, möglichst viele Freunde zu gewinnen, also ein größtmögliches soziales Umfeld aufzubauen und Wissen für die Optimierung ihres Aussehens zu sammeln. Jungen kümmern sich prinzipiell weniger um Kommunikation, dennoch möchten auch sie sich auf Facebook präsentieren, das vermutlich Wichtigste für sie sind aber nicht die sozialen Netzwerke im Internet, sondern Computerspiele.

6. CHANCEN DURCH SOZIALE MEDIEN

Obwohl oftmals versucht wird, soziale Medien vor Jugendlichen lächerlich zu machen, vor allem von deren Eltern, bieten diese auch einige gute Möglichkeiten etwas an Erfahrung, Wissen und Bildung zu sammeln. „Es gilt, die spezifische Handlungskompetenz zu entdecken, die Jugendliche in ihrer Medienaneignung und Entäußerung entwickeln, ihnen Räume zu bieten, diese Handlungskompetenz zu erweitern und dabei Bildung zu erfahren (vgl. Bachmeier 2009).“[13] Es ist also sehr wichtig, die freie geistige Entfaltung von Kindern und Jugendlichen auch in diesem Maß zu fördern und ihnen etwas Freiraum dafür zu lassen. Soziale Netzwerke erlauben 24/7 Kommunikation mit teilweise Tausenden von Kilometern weit entfernten Personen.

a. SOZIALE KONTAKTE

Soziale Netzwerke wie WhatsApp und Facebook sind enorm beliebt bei Jugendlichen, um mit ihren Freunden in Verbindung zu bleiben; so können sie beispielsweise im Falle eines Umzugs, mit ihren Freunden vom alten Wohnort in Kontakt bleiben und der Umzug fällt

---

[13] *Hugger, Kai-Uwe*: Digitale Jugendkulturen, a. a. O., S. 302

ihnen nicht mehr allzu schwer. Sie möchten sich im Netz eine Identität aufbauen und damit zu einer Gruppe dazugehören und erwarten eine Rückmeldung von ihren Freunden. „So wie Affen sich gegenseitig das Fell kraulen, um sich ihre Verbundenheit zu zeigen, so greift man heute zum Handy. Bei den Affen nennt man dieses Phänomen Grooming, bei den Jugendlichen SMS (Abkürzung für Short Message Service)."[14] Daher erwerben sie in der virtuellen Welt viele soziale Fähigkeiten, die sich auch auf ihr gesteigertes Engagement in der realen Welt auswirken. „Der schnelle Internetanschluss führt dazu, dass Menschen sich nach eigenen Angaben öfter ehrenamtlich in Vereinen, Verbänden oder sozialen Diensten betätigen und sich in Parteien, der Kommunalpolitik oder Bürgerinitiativen engagieren. Auch haben sie mehr enge Freunde und besuchen häufiger Theater, Oper, Ausstellungen, Konzerte, Kino, Disco, Restaurants, Bars oder Sportveranstaltungen."[15]

b. GRUNDLAGEN FÜR ERFOLG DAS BERUFSLEBEN

Ein seltener Fall, der jedoch durchaus eintreten kann, ist die Erlangung von Berühmtheit durch soziale Medien. In vielen Fällen haben zunächst „unbekannte Menschen" einen nahezu rasanten Aufstieg erklommen und sind zu einer Celebrity und damit unermesslich reich geworden. Gerade Seiten, auf denen Videos veröffentlicht werden, zum Beispiel YouTube oder musical.ly haben schon einigen Personen zum Erfolg verholfen. Beispiele dafür sind Bianca Heinicke alias bibisbeautypalace oder Dagmara Ochmanczyk alias Dagi Bee auf YouTube oder die Zwillinge Lisa und Lena M. alias lisaandlena auf musical.ly. Dieses Streben nach Anerkennung und möglichst vielen Followern hat sie zumindest für eine gewisse Zeit sehr bekannt gemacht, ihre Videos werden auch entsprechend von den Herstellerfirmen der beworbenen Produkte honoriert. Doch auch ohne berühmt zu werden, können soziale Medien Personen beruflich voranbringen, durch das ständige Knüpfen von Kontakten sowie den Erwerb von IT-Kenntnissen, die im Beruf angewendet werden können, ein präsentables Benutzerprofil kann auch bei späteren potentiellen Arbeitgebern einen guten Eindruck hinterlassen.[16]

---

[14] *Steinle, Andreas / Wippermann, Peter:* Die neue Moral der Netzwerkkinder, Piper Verlag GmbH, München 2003, S. 126
[15] *Weber, Christian:* Wo ist die Party? Hier ist die Party!, in http://www.sueddeutsche.de/ DL vom 07.06.2017
[16] *Jugend und Medien Nationale Plattform zur Förderung von Medienkompetenzen:* Berufschancen, http://www.jugendundmedien.ch/de/chancen-und-gefahren/chancen-im-ueberblick/berufschancen.html, DL vom 06.06.2017

7. RISIKEN DURCH SOZIALE MEDIEN

a. CYBERMOBBING[17]

Als Cybermobbing, oder auch Cyberbullying genannt, gilt das gezielte Beschimpfen, Verleumden und Bedrohen anderer Personen in elektronischen Medien unter Nutzung sozialer Netzwerke, Websites oder von Videoportalen über eine längere Zeitspanne.[18] Cybermobbing entsteht meist durch das Ausgrenzen einer Person in einer Gruppe oder durch die Weitergabe von intimen persönlichen Informationen und Bildern. Der Mobber kann verschiedene Motive haben, er kann sich selbst Respekt verschaffen wollen, sich von einer Gruppe zum Mobbing verleiten lassen, um nicht als Außenseiter dazustehen, neidisch auf das Opfer sein oder sich am Opfer rächen wollen, Spaß haben an der Diffamierung anderer oder Angst haben, sonst selber zum Opfer zu werden. So kann es schnell zu wiederholten Beleidigungen, sozialer Verleumdung, Diebstahl von Identitäten, anhaltender Verfolgung und Veröffentlichung von persönlichen Informationen und Bildern kommen. Anders als beim herkömmlichen Mobbing gibt es beim Cybermobbing keinen Rückzugsort, da teilweise auch Stalking stattfindet. Außerdem ist der Täter meist anonym, das Opfer hat oft nur einen vagen Verdacht, wer dahinter stecken könnte. Hinzu kommt, dass im Internet durch das sogenannte „Sharing", also das Teilen und Weitergeben von Posts, in Sekundenschnelle eine unüberschaubare Menge an Personen daran teilhaben kann. Eine weitere Besonderheit des Cybermobbings ist, dass die Täter die Reaktion des Opfers nicht sehen und somit auch mit der Reaktion nicht direkt konfrontiert werden. Dies veranlasst den Mobber häufig zu noch brutaleren Aktionen. Daher passiert es auch oft, dass das Mobbing in der virtuellen Welt gestartet und in der Realität fortgesetzt wird. Konsequenzen des Cybermobbings für das Opfer können gesundheitliche Probleme sein, z.B. Kopfschmerzen, Bauchschmerzen, Schlafstörungen, Depressionen und im schlimmsten Fall sogar Suizidgedanken. Das Opfer leidet häufig an plötzlich auftretende Verhaltensänderungen, es zieht sich komplett aus seinem sozialen Umfeld zurück. Viele Schüler reagieren mit einem Leistungsabfall in der Schule. In den meisten Fällen lässt sich Cybermobbing jedoch erfolgreich bekämpfen, jeder sollte versuchen, seine persönlichen, intimen Daten geheim zu halten, sich nur auf geschützten Seiten registrieren, sich nicht selber an Mobbing beteiligen

---

[17] *Jugend und Medien Nationale Plattform zur Förderung von Medienkompetenzen:* Cybermobbing, http://www.jugendundmedien.ch/de/chancen-und-gefahren/gefahren-im-ueberblick/cybermobbing.html, DL vom 19.02.2017

[18] *Bosch, Thomas:* Was ist Cybermobbing?, in https://www.bmfsfj.de/bmfsfj/themen/kinder-und-jugend/medienkompetenz/was-ist-cybermobbing-/86484?view=DEFAULT, DL vom 18.02.2017

und Mobbingopfern helfen und diese unterstützen. Es ist überraschend, wie niedrig die Hemmschwelle mancher Jugendlicher beim Cybermobbing ist, angesichts der relativ harten Strafandrohungen in den einschlägigen Paragraphen des Strafgesetzbuchs der Bundesrepublik Deutschland. Im geltenden Strafgesetzbuch existiert zwar noch kein spezieller Paragraph über Cybermobbing. Allerdings können Straftaten wie Beschimpfung, Bedrohung und Verleumdung mit bis zu 5 Jahren Haft bestraft werden. Hier sollte auf den Kategorischen Imperativ von Immanuel Kant verwiesen werden: „Handle nur nach derjenigen Maxime, durch die du zugleich wollen kannst, dass sie ein allgemeines Gesetz werde."[19] Jeder sollte also nur so handeln, wie er selber behandelt werden möchte und sich stets der Konsequenzen für sein Handeln bewusst sein. Das menschliche Handeln sollte stets so verantwortungsbewusst sein, dass daraus eine Gesetzesnorm formuliert werden könnte.

b. ONLINE-SUCHT[20]

Laut der James-Studie aus dem Jahr 2014 verbringt ein Jugendlicher durchschnittlich zwei Stunden täglich im Internet, die meiste Zeit davon in sozialen Netzwerken und Chats. „Die tägliche oder mehrmals wöchentliche stattfindende Internetnutzung lag bei den 12- bis 29-Jährigen 1998 noch bei 5% (Klingler 2008: 627); bis 2011 hat sie sich auf 89% gesteigert (Feierabend/Rathgeb 2012: 342)."[21] „Nicht erreichbar zu sein, heißt nicht mehr im Leben zu stehen."[22] „Sie müssen elektronisch präsent sein, weil die reale Präsenz nicht immer möglich ist."[23] Gerade dieser Drang sich ständig zu präsentieren, auffallen zu müssen ist also besonders stark. Auffällig ist, dass emotional schwache und depressive Jugendliche risikogefährdeter sind, eine Online-Sucht zu entwickeln, vermutlich, da sie durch das Internet in eine Scheinwelt abtauchen und für eine Weile ihre Probleme vergessen können. Dies dürfte der Grund sein, warum sie sich aus der realen Welt in die virtuelle Welt zurückziehen und soziale Kontakte außerhalb des Internets meiden. Sie entwickeln dort ihre Online-Präsenz, in der sie sich so darstellen können, wie sie gerne wären. Übermäßige Internet-Nutzung wird vielfach als Online-Sucht bezeichnet. Für Wissenschaftler liegt

---

[19] *Hassemer, Winfried*: Noch mal von vorn: Was bedeutet der kategorische Imperativ?, in http://www.zeit.de/index, DL vom 17.02.2017

[20] *Jugend und Medien Nationale Plattform zur Förderung von Medienkompetenzen*: Internet- und Computersucht, in http://www.jugendundmedien.ch/de/chancen-und-gefahren/gefahren-im-ueberblick/internet-und-computerspielsucht.html, DL vom 08.06.2017

[21] *Hugger, Kai-Uwe*: Digitale Jugendkulturen, a. a. O., S. 15

[22] *Steinle, Andreas / Wippermann, Peter*: Die neue Moral der Netzwerkkinder, a. a. O., S. 126

[23] *Steinle, Andreas / Wippermann, Peter*: Die neue Moral der Netzwerkkinder, ibidem, S. 128

Online-Sucht bei folgenden Symptomen vor: Leistungsabfall in der Schule (vgl. Cybermobbing), Rückzug aus dem gewohnten sozialen Umfeld und das Unterlassen von persönlichen Kontakten zu Gleichaltrigen, aber auch Schlafmangel durch Übermüdung und die Aufgabe von sämtlichen anderen Freizeit- und Outdoor-Aktivitäten. Bevor eine Online-Sucht entsteht, sollten die Eltern prophylaktisch eingreifen und den Konsum ihrer Kinder von sozialen Netzwerken nicht nur streng kontrollieren sondern auch konsequent zeitlich limitieren.

c. GEWALT IM NETZ[24]

Wie bei digitalen Medien sind auch in sozialen Medien Gewaltszenen weit verbreitet. Die Jugendlichen werden sehr früh sowohl mit Brutalofilmen konfrontiert. Dies kann jedoch fatale Auswirkungen, vor allem auf die Psyche haben. Die Filme können Angst und Verunsicherung fördern, oft auch Aggressionen, diese Jugendlichen werden später häufig selber gewaltbereit. Dafür ist dann meist die Passivität und Indifferenz der Eltern verantwortlich, da diese den Einstieg ihrer Kinder ins Netz nicht überwacht haben.

d. SEXUELLE ÜBERGRIFFE[25]

Mit dem sog. „Cybergrooming" machen viele Jugendliche Erfahrung, wobei Mädchen davon zahlreicher betroffen sind als Jungen. Damit sprechen erwachsene Personen Kinder und Jugendliche mit sexuellen Absichten an. Hierbei handelt es sich meist um Pädophile, die versuchen, über die sozialen Netzwerke mit Jugendlichen Kontakt aufzunehmen und dabei (vorerst) anonym bleiben. Sie geben sich selber als Jugendliche aus und bauen mit dem Jugendlichen zuerst eine virtuelle Beziehung auf Vertrauensbasis. Später versuchen sie dann, sich mit dem Jugendlichen in der realen Welt zu treffen. Auch hier sollten die Eltern versuchen, zu überprüfen, mit wem ihr Kind in sozialen Medien zu kommunizieren pflegt und nachhaken, ob das Kind die Person im Internet oder im realen Leben kennengelernt hat.

e. DATENMISSBRAUCH

Es gibt unzählige Social Network Sites (SNS), doch lange nicht alle sind wirklich sicher. Obwohl Facebook & Co angeblich die Privatsphäre schützen, z.B. durch eine Privatisierung

---

[24] *Jugend und Medien Nationale Plattform zur Förderung von Medienkompetenzen:* Gewalt in den digitalen Medien, in http://www.jugendundmedien.ch/de/chancen-und-gefahren/gefahren-im-ueberblick/gewalt.html, DL vom 07.06.2017
[25] *Jugend und Medien Nationale Plattform zur Förderung von Medienkompetenzen:* Sexuelle Übergriffe im Internet, in http://www.jugendundmedien.ch/de/chancen-und-gefahren/gefahren-im-ueberblick/sexuelle-uebergriffe.html, DL vom 07.06.2017

des Profils, gibt es immer noch Möglichkeiten, an die Daten einer Person zu kommen. „Nach einer Untersuchung des Fraunhofer-Instituts für Sichere Informationstechnologie (SIT) sind soziale Netzwerke Datenschutz-Fallen. Bei den getesteten Plattformen Facebook, StudiVZ, MySpace, wer-kennt-wen, Lokalisten, Xing und LinkedIn wurden erhebliche Mängel festgestellt. Die Tester meldeten sich als normale Nutzer an. Selbst nach der Beendigung der Mitgliedschaft wurden die persönlichen Gästebuch- und Foreneinträge nicht gelöscht. Die Tester waren in der Lage, mithilfe von speziellen Suchmaschinen an geschützte Bilder heranzukommen, die nicht für die Öffentlichkeit gedacht waren. Der Familienstatus und die politische Orientierung der User ließen sich trotz Sperrung ermitteln."[26] Bei Posts im Internet sollte man sich daher stets der Gefahr bewusst sein, dass persönliche, intime Informationen an unbefugte Personen gelangen können, welche diese auch zum Nachteil des postenden Individuums verwenden können. Auch können so private oder freizügige Bilder an Personen gelangen, wie z.B. an den Chef oder Vorgesetzten im späteren Berufsleben; dies kann sich sehr karrierehemmend auswirken. So kann die virtuelle Identität in sozialen Netzwerken bereits sehr früh Jugendlichen Steine in den Karriereweg legen. Man sollte sich deshalb stets gut überlegen, welche Informationen und Bilder man der Öffentlichkeit preisgeben will. Die Vorstellung des „Gläsernen Menschen", dass der Mensch heutzutage, durch die sozialen Medien komplett durchschaubar ist, ist fast schon beängstigend. Durch die Bilder und Informationen, die veröffentlicht werden, können durchaus Schlüsse auf die Persönlichkeit, den Charakter, das Verhalten und den sozialen Status gezogen werden, nicht zu vergessen, dass durch Netzwerke, wie z.B. Twitter auch persönliche Meinungen für Unbekannte zu sehen sind. Die eigene Persönlichkeit und Meinung, sind Dinge, die äußerst behutsam geschützt und vor der Öffentlichkeit verborgen werden sollten. Persönliche Informationen sollte man nur Menschen zukommen lassen, die diese Informationen vertraulich behandeln und nicht falsch auslegen und nicht missbräuchlich verwenden.

8. AUSWIRKUNGEN SOZIALER MEDIEN AUF JUGENDLICHE

Soziale Medien können sich in unzähligen Formen auf Kinder und Jugendliches auswirken. Da diese sich noch in der Entwicklung befinden und geformt werden können, können soziale Medien sie positiv oder negativ beeinflussen. Manchen mögen sie vielleicht bei der Entfaltung ihrer Persönlichkeit helfen, andere können von sozialen Medien komplett in die Tiefe gezogen werden. „So wirken sie sich auch von Geschlecht zu Geschlecht

---

[26] *Hugger, Kai-Uwe*: Digitale Jugendkulturen, a. a. O., S. 278-279

unterschiedlich aus, Differenzen zwischen Jungen und Mädchen zeigen sich offenbar >>nur<< noch in der Nutzung und den Interessen: Mädchen verbringen insgesamt einen größeren Teil ihrer Onlinezeit als Jungen mit Kommunikation (49 Prozent im Unterschied zu 41% Prozent bei den Jungen), diese verwenden deutlich mehr Zeit auf das digitale Spielen (22 Prozent vs. 7 Prozent bei den Mädchen) (vgl. ebd.:33).“[27]

a. MÄDCHEN

Gerade für Mädchen ist es besonders wichtig, sich ein soziales Umfeld aufzubauen und beliebt zu sein. Sie versuchen sich mit Posts ein positives Image zu verschaffen, möchten möglichst viele Likes und Feedbacks erreichen. Sie geben häufig auch anderen, vor allem anderen Mädchen, eine lobende Bewertung, da sie sich damit bei diesen Personen beliebt machen wollen und hoffen, dass die andere Person darauf gleichermaßen reagiert. Dabei handelt es sich meist gar nicht um ehrliche Bewertungen, sie möchten sich nur im Netz mit einer Vielzahl an Freundinnen darstellen, obwohl diese gar nicht ihre Freundinnen sind. Die Mädchen lernen hier, sich eine Maske zu schaffen, hinter der sie sich verstecken können, ebenso lernen sie Falschheit. Ehrlichkeit, Aufrichtigkeit und Direktheit gehen oftmals verloren, eine Basis der Gesellschaft. „Auffällig ist, dass Mädchen sich häufiger als Jungen in einer Flirt- oder Modelpose darstellen, sich dementsprechend lasziv in Szene setzen und dabei Verführungsszenen andeuten.“[28] „Mädchen bewegen sich also auf sehr dünnem Eis: Sie inszenieren sich sexuell, um als Frau anerkannt zu werden, laufen aber gleichzeitig Gefahr, als Schlampe abgewertet zu werden und die Subjektposition >>Frau<< wieder aberkannt zu bekommen.“[29] Sie begeben sich damit aber nicht nur im Netz in Gefahr, ihr im Internet erworbener Ruf kann auch sich in der realen Welt verbreiten. Die Mädchen sollten sich also der Konsequenz bewusst sein, mit solchen Posts ihr soziales Umfeld wieder zu verlieren, welches sie sich mühsam im Netz aufgebaut haben und dadurch eigentlich vergrößern wollten. Von gleicher Signifikanz ist das Präsentieren in Videos. Mit Apps wie „YouNow" oder „musical.ly" können sie sich in einem Livestream oder kurzen Clips selbstinszenieren. Doch auch hier sollten sie dies mit Vorsicht einsetzen, da Bewegungen oder Worte falsch interpretiert werden könnten. Eine generelle Gefahr bei Bildern und Videos sind Beleidigungen in Bezug auf das Aussehen. Sogenannte „Haterkommentare"

---

[27] *Hugger, Kai-Uwe*: Digitale Jugendkulturen, a. a. O., S. 156-157
[28] *Hugger, Kai-Uwe*: Digitale Jugendkulturen, a. a. O., S. 159
[29] *Hugger, Kai-Uwe:* Digitale Jugendkulturen, ibidem, S. 159

sind vor allem für junge Mädchen sehr verletzend, egal ob sie von bekannten oder unbekannten Personen geäußert werden. Mit ihrem Netzauftritt wollen die jungen Mädchen doch eigentlich das Gegenteil erreichen, nämlich Anerkennung und Bewunderung.

b. JUNGEN

Jungen konzentrieren sich in sozialen Medien weniger auf Kommunikation, sondern mehr auf Spiele. Diese Spiele schaffen eine neue, zwar virtuelle, aber sehr surreale Welt. Die Jungen können so der Realität komplett entfliehen, dies unterscheidet sie von den Mädchen, welche mit der Kommunikation und den Posts vielmehr in der Realität verweilen. Daher laufen wahrscheinlich besonders Jungen Gefahr eine Online-Sucht zu entwickeln, da sie aus den Spielen gar nicht mehr zurück in die Realität finden. In den Spielen können sie sich beweisen, indem sie ein bestmögliches Ergebnis erzielen, hierdurch möchten sie sich ebenso wie die Mädchen Ansehen verschaffen. Von sexuellen Übergriffen sind Jungen wesentlich weniger betroffen als Mädchen, dafür aber umso mehr von Gewalt im Netz, was bei vielen die Psyche schädigen kann. Oft werden sie durch Gewaltdarstellungen und Gewalt in Spielen dazu verleitet, auch im realen Leben Gewalt anzuwenden, da ihre Hemmschwelle durch die Vielzahl der brutalen Gewaltspiele sinkt und sie Schwierigkeiten haben, die virtuelle von der realen Welt zu unterscheiden. Die Anwendung von Gewalt wird für sie auch in der realen Welt zu einer angemessenen Verhaltensweise.

9. FAZIT: SOZIALE MEDIEN ALS JUGENDKULTUR?

Ohne Frage spielen soziale Medien eine enorm wichtige Rolle im Leben der Jugendlichen. Doch wird durch die sozialen Medien eine neue Jugendkultur begründet? Aufgrund der Tatsache, dass die Jugend extrem viel Zeit im Internet verbringt, in welcher sie kontinuierlich davon beeinflusst wird, liegt die Antwort nahe. Die sozialen Medien sind Kennzeichen der heutigen Jugend, nichts anderes spielt heutzutage für die Jugendlichen eine so wichtige Rolle. Soziale Netzwerke sind zu bedeutsamen Treffpunkten für Jugendliche geworden, die virtuelle Welt hat die reale Welt teilweise sogar abgelöst. Anstatt sich an einem Ort zu treffen, nutzen Jugendliche FaceTime oder Skype, statt miteinander zu reden, versenden Jugendliche eine WhatsApp Nachricht. Doch auch in sozialen Netzwerken tut die Jugend, was die Jugend immer gemacht hat, sie sammelt Erfahrungen, testet ihre Grenzen aus, vielleicht sind die Konsequenzen fataler und weitreichender als früher. Die

Jugendlichen sind für fremde Personen gläserner als früher, jeder kann im Netz ihre persönlichen Daten einsehen, wodurch sie enorm verletzbar werden. Der selbstständige Aufbau eines Image im Netz bietet gute Grundlagen für den Aufbau einer realen Identität, da man vieles von seiner Idealvorstellung aus der virtuellen Welt übernimmt. Die Jugendlichen lernen, auf sich allein gestellt zu sein, Fehler, die sie dort begangen haben, wieder zu korrigieren. Dennoch sollten sie dort nicht komplett allein auf sich gestellt sein, sondern auf die Unterstützung der Eltern und Freunde zählen können, diese befragen, wie sie sich im Internet korrekt und ohne Selbstschädigung verhalten sollten. Aufgrund der vielen Risiken, welche die sozialen Medien bergen, sollten Eltern eine gute Basis in der Erziehung schaffen, ihnen moralische Werte nahe bringen und sie darauf hinweisen, diese im Netz nicht zu vergessen. Die Jugendlichen sollten im Netz stets achtsam sein, unbekannte Personen eher meiden und immer darüber nachdenken, was sie von sich preisgeben und wer ihre Posts sehen darf. Dennoch ist fraglich, ob soziale Medien eine neue Jugendkultur sind, da sie weder künstlerischen, literarischen oder musikalischen Errungenschaften entsprechen, allerdings helfen sie den Jugendlichen bei der Selbstinszenierung und dem Finden ihrer eigenen Persönlichkeit. Außerdem beinhaltet eine Jugendkultur heutzutage nicht nur die künstlerischen, literarischen oder musikalischen Errungenschaften einer Epoche, sondern auch die Freizeitinteressen oder Mediennutzung der Jugendlichen. Da soziale Medien eine enorm wichtige Rolle im Leben der Jugendlichen spielen und Jugendliche fast ihre gesamte Freizeit in den sozialen Medien verbringen, kann man sie meiner Meinung nach mit Recht als Jugendkultur bezeichnen.

SOCIAL NETWORKS
99 % DER MÄDCHEN UND 92 % DER JUNGS SIND MITGLIED IN MINDESTENS EINEM SOZIALEN NETZWERK.

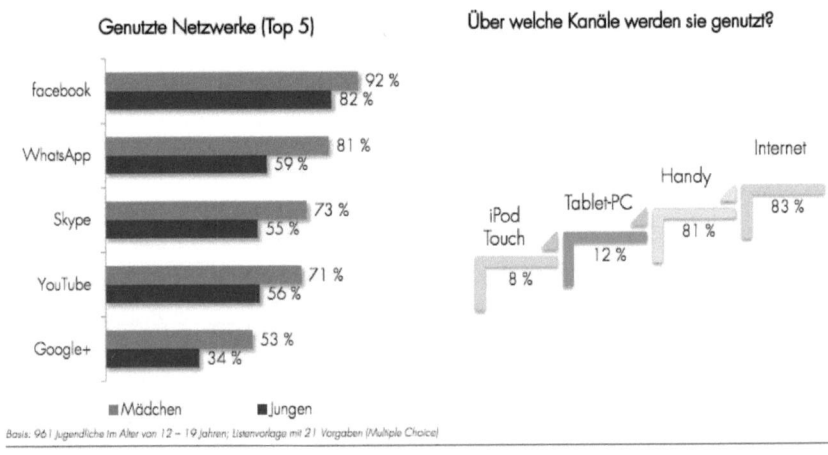

Genutzte Netzwerke (Top 5)

Über welche Kanäle werden sie genutzt?

Basis: 961 Jugendliche im Alter von 12 – 19 Jahren; Listenvorlage mit 21 Vorgaben (Multiple Choice)

BRAVO

Quelle: http://www.futurebiz.de/artikel/facebook-nutzung-von-teenagern-2014-trend-report/ (zuletzt besucht am 08.06.2017 um 12:00 Uhr)

11.   LITERATUR- UND QUELLENVERZEICHNIS

Literatur:

1. *Hugger, Kai-Uwe*: Digitale Jugendkulturen, Springer Fachmedien Wiesbaden 2. Auflage 2014
2. *Riederle, Philipp:* Wer wir sind und was wir wollen, Knaur Taschenbuch, 2013
3. *Steinle, Andreas, Wippermann, Peter:* Die neue Moral der Netzwerkkinder, Piper Verlag GmbH, München 2003

Internetquellen:

1. https://anticybermob.wordpress.com/2013/05/25/ursachen-von-cybermobbing/ (zuletzt besucht am 28.02.2017 um 13.08 Uhr)
2. http://arbeits-abc.de/cybermobbing-definition-beispiele-sowie-folgen-fuer-opfer-und-taeter/ (zuletzt besucht am 29.02.2017 um 15.43 Uhr)
3. https://www.bmfsfj.de/bmfsfj/themen/kinder-und-jugend/medienkompetenz/was-ist-cybermobbing-/86484?view=DEFAULT (zuletzt besucht am 18.02.2017 um 13:43 Uhr)
4. https://de.statista.com/infografik/7956/umfrage-zu-cybermobbing/ (zuletzt besucht am 02.03.2017 um 11.18 Uhr)
5. http://www.duden.de/rechtschreibung/Jugend (zuletzt besucht am 05.06.2017 um 18:56 Uhr)
6. http://www.duden.de/rechtschreibung/Kultur (zuletzt besucht am 05.06.2017 um 19:01 Uhr)
7. http://www.futurebiz.de/artikel/facebook-nutzung-von-teenagern-2014-trend-report/ (zuletzt besucht am 08.06.2017 um 12:00 Uhr)
8. http://gegen-gewalt-im-netz.radiohilft.de/cybermobbig/welche-ausloser-hat-cyber-mobbing/m (zuletzt besucht am 28.02.2017 um 12.26 Uhr)
9. http://gegen-gewalt-im-netz.radiohilft.de/cybermobbig/welche-folgen-und-symptome-hat-cyber-mobbing/ (zuletzt besucht am 28.02.2017 um 13.32 Uhr)
10. http://www.jugendundmedien.ch/de/chancen-und-gefahren/chancen-im-ueberblick/berufschancen.html (zuletzt besucht am 06.06.2017 um 18:38 Uhr)
11. http://www.jugendundmedien.ch/de/chancen-und-gefahren/gefahren-im-ueberblick/cybermobbing.html (zuletzt besucht am 19.02.2017 um 13:43 Uhr)
12. http://www.jugendundmedien.ch/de/chancen-und-gefahren/gefahren-im-ueberblick/gewalt.html (zuletzt besucht am 07.06.2017 um 14:03 Uhr)
13. http://www.jugendundmedien.ch/de/chancen-und-gefahren/gefahren-im-ueberblick/internet-und-computerspielsucht.html (zuletzt besucht am 08.06.2017 um 11:42 Uhr)
14. http://www.jugendundmedien.ch/de/chancen-und-gefahren/gefahren-im-ueberblick/sexuelle-uebergriffe.html (zuletzt besucht am 07.06.2017 um 14:14 Uhr)
15. http://www.jugendundmedien.ch/chancen-und-gefahren/soziale-netzwerke.html (zuletzt besucht am 04.06.2017 um 15.19 Uhr)
16. http://www.klicksafe.de/themen/kommunizieren/cyber-mobbing/cyber-mobbing-zahlen-und-fakten/ (zuletzt besucht am 18.02.2017 um 16.53 Uhr)
17. https://www.netsecure-it.de/content/cybermobbing-eine-definition (zuletzt besucht am 18.02.2017 um 17.34 Uhr)
18. http://www.omkt.de/social-media/ (zuletzt besucht am 06.06.2017 um 17:23)
19. http://www.polizei-beratung.de/themen-und-tipps/gefahren-im-internet/cybermobbing/folgen-fuer-taeter.html (zuletzt besucht am 02.03.2017 um 12.03 Uhr)
20. https://www.schau-hin.info/extrathemen/cybergrooming.html (zuletzt besucht am 04.06.2017 um 18.45 Uhr)
21. https://sos-cybermobbing.jimdo.com/infos/betroffen-was-tun/ (zuletzt besucht am 28.02.2017 um 15.57 Uhr)

22. http://www.spiegel.de/gesundheit/psychologie/soziale-netzwerke-selbstverliebte-menschen-lieben-selfies-a-1086013.html (zuletzt besucht am 03.06.2017 um 14:00 Uhr)
23. http://www.sueddeutsche.de/digital/chancen-und-gefahren-sozialer-netzwerke-wo-ist-die-party-hier-ist-die-party-1.1507167 (zuletzt besucht am 07.06.2017 um 13:08 Uhr)
24. http://www.zeit.de/2000/02/NOCH_MAL_VON_VORN_WAS_BEDEUTET_DER_KATEG ORISCHE (zuletzt besucht am 17.02.2017 um 18:36 Uhr)
25. https://www.zu-daily.de/daily/zuruf/2015/02-10_gumbrecht-philosophie-des-selfies.php (zuletzt besucht am 04.06.2017 um 10:19 Uhr)

BEI GRIN MACHT SICH IHR
WISSEN BEZAHLT

- Wir veröffentlichen Ihre Hausarbeit,
  Bachelor- und Masterarbeit

- Ihr eigenes eBook und Buch -
  weltweit in allen wichtigen Shops

- Verdienen Sie an jedem Verkauf

**Jetzt bei www.GRIN.com hochladen
und kostenlos publizieren**